Wolfgang Zöllner
Informationsordnung und Recht

Schriftenreihe
der
Juristischen Gesellschaft zu Berlin

Heft 118

W
DE
G

1990
Walter de Gruyter   Berlin · New York

Informationsordnung und Recht

Von
Wolfgang Zöllner

Vortrag
gehalten vor der
Juristischen Gesellschaft zu Berlin
am 25. Oktober 1989

1990
Walter de Gruyter · Berlin · New York

Dr. *Wolfgang Zöllner,*
Professor für Bürgerliches Recht, Handels-, Wirtschafts- und Arbeitsrecht,
Universität Tübingen

CIP-Titelaufnahme der Deutschen Bibliothek

Zöllner, Wolfgang:
Informationsordnung und Recht : Vortrag gehalten vor der
Juristischen Gesellschaft zu Berlin am 25. Oktober 1989 / von
Wolfgang Zöllner. – Berlin ; New York : de Gruyter, 1990
  (Schriftenreihe der Juristischen Gesellschaft e. V. Berlin ; H. 118)
  ISBN 3-11-012542-0
NE: Juristische Gesellschaft ⟨Berlin, West⟩: Schriftenreihe der
  Juristischen...

Vorwort

Die nachfolgenden Ausführungen geben einen Vortrag wieder, den ich am 25.10.1989 in Berlin vor der Juristischen Gesellschaft gehalten habe. Einige Zeit davor hatte ich meine Überlegungen bereits in geschlossenem Kreis in einer etwas skizzenhaften Form zur Diskussion gestellt. Mit diesen Ausführungen werden Grundfragen unserer geltenden und künftigen Rechtsordnung angesprochen, die von Normaljuristen noch zu wenig wahrgenommen werden und erheblich breiterer Diskussion bedürfen. Dazu beizutragen ist mein Anliegen. Die Vertragsform ist beibehalten worden.

Ulrich Noack habe ich für seine Hilfe bei der Dokumentation zu danken.

Inhalt

I. Begriff und Denkansatz der Informationsordnung

Ziel meiner Ausführungen ist es, Sie mit Begriff und Sinn der Informationsordnung[1] als einem Denkansatz zu konfrontieren, der noch nicht allgemein geläufig ist, ja den noch nicht einmal die Spezialisten des Informationsrechts allgemein kennen, geschweige denn anwenden und nützen.

1. Begriff der Informationsordnung

Schon der Begriff der Informationsordnung wird selten gebraucht. Am ehesten verwenden ihn noch Wissenschaftler, die von der Vorstellung getragen sind, daß der Informationsverkehr weitgehender rechtlicher Reglementierung bedarf. Für sie ist Informationsordnung in etwa gleichbedeutend mit rechtlicher Ordnung, mit einem Geflecht von rechtlichen Normierungen also[2]. Ganz in diesem gleichen Sinn wird der Begriff der Ordnung auch für Teilbereiche des Informationswesens verwendet, wenn z. B. von Kommunikationsordnung[3] oder von Telekommunikationsordnung[4] oder von Medienordnung[5] gesprochen wird. Aus dieser Sicht

---

[1] Der Begriff taucht, freilich in jeweils unterschiedlichen Bedeutungen, auf etwa bei *Hauck*, Wirtschaftsgeheimnisse – Informationseigentum kraft richterlicher Rechtsfortbildung, 1987, S. 104 ff.; *Ehmann*, Informationsschutz und Informationsverkehr im Zivilrecht, AcP 188, 230, 237 ff.; *Simitis*, Das informationelle Selbstbestimmungsrecht – Grundbedingung einer verfassungskonformen Informationsordnung, NJW 1984, 398 ff.; *Witzmann*, Völkerrechtliche Aspekte der Bemühungen um eine neue Weltinformationsordnung, 1984; *J. Becker*, Vom Vorurteil zur Abhängigkeit – Konflikte auf dem Weg zu einer Neuen Internationalen Informationsordnung, in: Medienmacht im Nord-Süd-Konflikt: Die Neue Internationale Informationsordnung, 1984, S. 16 ff.

[2] Vgl. *Bull*, Die Grundprobleme des Informationsrechts, 1985; vgl. auch unten Fn. 9.

[3] Viele Stimmen – eine Welt, Kommunikation und Gesellschaft heute und morgen, Bericht der Internationalen Kommission zum Studium der Kommunikationsprobleme unter dem Vorsitz von *Sean Mac Bride* an die UNESCO, 1981, S. 18 und passim; *Bismark*, Neue Medientechnologien und grundgesetzliche Kommunikationsverfassung, 1982.

[4] Eine Normierung in Gestalt einer Rechtsverordnung findet sich für den Bereich der deutschen Bundespost in der „Telekommunikationsordnung" (TKO) i. d. F. v. 16. 7. 1987, BGBl. I, S. 1761; dazu *Brinckmann*, Telekommunikationsordnung und Fernmeldebenutzungsrecht, CR 1989, 1 ff., 95 ff., 186 ff., 271 ff., 478 ff., 574 ff.; *Scherer*, Die Telekommunikationsordnung der Deutschen Bundespost: Rechtsgrundlagen für die Informationsgesellschaft?, CR 1987, 122; ferner *Jarass*, Grundfragen der künftigen Telekommunikationsordnung, ZHR 146 (1982), 167; Regierungskommission Fernmeldewesen, Neuordnung der Telekommunikation, 1987.

erscheint der von dem Staatsrechtler *Peter Krause* geprägte Satz verständlich, der Begriff der Informationsordnung mache schaudern[6]. In der Tat: Freiheitliche Grundordnung und weitgehend reglementierter Informationsverkehr schließen sich prinzipiell aus.

Der Denkansatz, von dem im folgenden zu sprechen ist, geht von einem anderen Begriff der Informationsordnung aus. Er verwendet diesen Begriff im Sinn des Gefüges der grundlegenden Regelungsideen, die für den Informationsverkehr maßgeblich sein sollen. Informationsordnung ist danach nicht ein inhaltlich schon festliegendes Konzept, sondern der Oberbegriff für mögliche Typen oder Modelle des Informationsverkehrs, ganz analog dem ihnen bekannten Begriff der Wirtschaftsordnung[7]. Wie wir dort verschiedene Arten der Wirtschaftsordnung zu unterscheiden pflegen, deren extreme Formen die Freie Marktwirtschaft einerseits und die strenge Planwirtschaft andererseits bilden, so sind auch für den Informationsverkehr unterschiedliche Konzepte der Gesamtordnung denkbar, wobei die theoretischen Extrempositionen, nämlich die völlige Freiheit des Informationsverkehrs einerseits und die totale Reglementierung andererseits, ganz ähnlich wie bei der Wirtschaftsordnung, für eine praktische Verwirklichung ausscheiden, insofern also allenfalls erkenntnisfördernden Theoriecharakter trügen, nicht aber Modell einer praktizierten Ordnung sein könnten.

2. Bedeutung des Denkansatzes

Unter Zugrundelegung dieses Begriffs der Informationsordnung geht es beim Denkansatz der Informationsordnung darum, daß sich alle Regelungen, die den Informationsverkehr betreffen, an den für die informationelle Gesamtordnung leitenden Ideen messen lassen und daß sie in ihrer Gesamtheit ein sinnvolles Ganzes bilden müssen. Für die Wirtschaftsord-

---

[5] Auch von Rundfunkordnung ist die Rede, vgl. z. B. *Kübler* in Sitzungsberichte 54. DJT 1982, S. H 73; *Bethge*, Die rechtliche Ordnung des Rundfunks und sein Verhältnis zu anderen Medien, DVBl. 1986, 859; BVerfGE 73, 118, 153; ferner *Joachim Wolf*, Medienfreiheit und Medienunternehmen, 1985.

[6] *Krause*, JuS 1984, 268, 270.

[7] *Eucken*, Die Grundlagen der Nationalökonomie, 8. Aufl. 1965; aus neuerer Zeit *Schonwitz/Weber*, Wirtschaftsordnung, 1983; *Lampert*, Die Wirtschafts- und Sozialordnung der Bundesrepublik Deutschland, Geschichte und Staat, Band 107/108 GB, 7. Aufl. 1981; *Willenborg*, Markt oder Plan. Der Kampf um die Wirtschaftsordnung, in: 30 Jahre Bundesrepublik Deutschland Bd. 2, hrsgg. von J. P. Weber, 1979, S. 235; *Fikentscher*, Wirtschaftsrecht, Bd. II, 1983, § 20 (mit umfangreicher Bibliographie); *Rittner*, Wirtschaftsrecht, 2. Aufl. 1987, § 2; *Mestmäcker*, Recht und ökonomisches Gesetz, 2. Aufl. 1984, S. 33 ff.; *Assmann*, Wirtschaftsrecht in der Mixed Economy, 1980.

nung wird ein ähnlicher Denkansatz spätestens seit *Walter Eucken* gesehen und seit *Franz Böhm* ist er fester Bestandteil rechtspolitischer Argumentation[8].

Für die Informationsordnung sind wir hingegen von einer gleichen Lage noch weit entfernt. Während gesetzgeberische Maßnahmen ebenso wie bedeutsameres öffentliches oder privates Handeln, das die Wirtschaftsordnung tangiert, sogleich der kritischen Betrachtung unter dem Prinzip etwa der Marktwirtschaft unterworfen wird, wodurch in der öffentlichen Diskussion zumindest Rechtfertigungszwänge ausgelöst werden, läßt sich gleiches für den Bereich informationeller Regelungen nicht konstatieren[9]. Im Gegenteil haben wir dort festzustellen, daß innerhalb kurzer Zeiträume der Gesetzgeber Regelungen trifft, die in direktem Widerspruch zueinander stehen. Ich nenne als extremes Beispiel die Regelungen des BDSG einerseits und des Informationsrechts der GmbH-Gesellschafter (§ 51 a GmbHG) andererseits. Beide Regelungen liegen zeitlich eng beieinander: Die erstere stammt von 1977, die zweite von 1980. Im BDSG versieht der Gesetzgeber jede noch so unbedeutende personenbezogene Information mit einem grundsätzlichen Speicherungs- und Übermittlungsverbot und verlangt für Speicherung und Übermittlung durch Private einen Zweckzusammenhang mit dem Rechtsverhältnis zwischen speichernder Stelle und Betroffenem[10]. Im GmbHG hingegen gewährt er dem GmbH-Gesellschafter einen grundsätzlichen Auskunfts-

---

[8] Über Zusammenhänge von Wirtschaftsordnung und Rechtsordnung z. B. *Eucken*, Die Wettbewerbsordnung und ihre Verwirklichung, Ordo Bd. 2 (1949), 1 ff.; *Böhm*, Die Ordnung der Wirtschaft als geschichtliche Aufgabe und rechtsschöpferische Leistung, 1937; *ders.*, Privatrechtsgesellschaft und Marktwirtschaft, Ordo Bd. 17 (1966), 75 ff.; *F. A. v. Hayek*, Recht, Gesetzgebung und Freiheit, Bd. 2, Die Illusion der sozialen Gerechtigkeit, 1981; *Mestmäcker*, a. a. O. (Fn. 7), S. 15 ff.

[9] Bereits vor fast 2 Jahrzehnten begonnene Versuche, ein „Informationsrecht" im Sinn eines Rechts der Information zu entwickeln, sind in abstrakten begrifflichen Ansätzen steckengeblieben, vgl. z. B. die Beiträge von *Steinmüller* und *Egloff/Werckmeister* in Steinmüller (Hrsg.), Informationsrecht und Informationspolitik, 1976, S. 1 ff. und 280 ff.; ferner *Fiedler*, Vom Datenschutz zum Informationsrecht, DuD 1981, 10; *Werckmeister*, Informationsrecht – Grundlagen und Überblick, DVR 1979, 97; *Gaigl*, Zum Begriff des Informationsrechts, DSWR 1978, 39; *Reisinger*, Rechtsinformatik, 1977, S. 274 ff.; *Schimmel*, in: Steinmüller, ADV und Recht, 1976, S. 131 f.; aus jüngerer Zeit vgl. *Bull*, Die Grundprobleme des Informationsrechts, 1985. Differenzierter (nach Abschluß dieses Mskr. erschienen) *Ulrich Sieber*, Informationsrecht und Recht der Informationstechnik, NJW 1989, 2569.

[10] Dazu §§ 23, 24 BDSG. Zu noch weitergehenden Reformentwürfen, die auch die Datennutzung einer Zweckbindung unterwerfen wollen, kritisch *Ehmann*, RDV 1989, 64, 65 ff.; *ders.*, RDV 1988, 231 ff.

anspruch hinsichtlich aller Angelegenheiten der Gesellschaft und eröffnet ihm die Einsicht nicht nur in die Bücher, also in das Rechnungswesen der Gesellschaft, sondern auch in ihre Schriften, was nach allgemeiner Ansicht auch die Korrespondenz umfaßt, nach Meinungen in Rechtsprechung und Schrifttum sogar die Protokolle und Aufzeichnungen des Aufsichtsrats[11].

Die innere Diskrepanz beider Regelungen wird selbstverständlich nicht dadurch beseitigt, daß Datenübermittlungen nach § 3 BDSG zulässig sind, wenn ein Gesetz sie erlaubt – § 51 a GmbHG wäre ein solches Erlaubnisgesetz[12]. Insoweit wird vielmehr lediglich die äußere Kollision beider Regelungen vermieden. Und ebensowenig ist der innere Widerspruch dadurch vermieden, daß die Daten juristischer Personen dem Schutz des BDSG nicht unterliegen (§ 2 I BDSG). Denn längst ist klargeworden, daß Daten der GmbH vielfach Daten ihrer Gesellschafter sind und daß die Informationsrechte der Gesellschafter selbstverständlich in vielen Fällen die Daten natürlicher Personen betreffen, die zur GmbH in irgendwelchen Rechtsbeziehungen stehen, namentlich Daten ihrer Gesellschafter, Arbeitnehmer und Geschäftspartner[13].

Ein besonders lehrreiches Beispiel eklatanter Widersprüchlichkeit auf der rechtspolitischen Argumentationsebene weist die Diskussion um den sogenannten bereichsspezifischen Datenschutz im Arbeitsrecht auf[14]. Im Zuge der Auseinandersetzung um die Ausgestaltung von Personalinformationssystemen ist von Betriebsräten, Gewerkschaftern, Politikern, aber auch Wissenschaftlern immer wieder verlangt worden, daß die privaten und familiären Daten der Arbeitnehmer nicht in das Personalinformationssystem aufgenommen werden dürften. Beim Kündigungs-

---

[11] Die sachbezogene Einengung des Anwendungsbereichs dieser Vorschrift beschäftigt Rechtsprechung und Literatur in einem Ausmaß, das die Bedenklichkeit der Regelung signalisiert, vgl. nur *Lutter*, ZGR 1982, 1; *Grunewald*, ZHR 146 (1982), 222; *K. Schmidt*, Informationsrechte in Gesellschaften und Verbänden, 1984; *Mertens*, FS W. Werner, 1984, S. 557; *Wohlleben*, Informationsrechte des Gesellschafters, 1989, S. 75 ff., 149 ff.; *Zöllner* in Baumbach/Hueck, Komm. z. GmbHG, 15. Aufl. 1987, § 51 a Rdn. 20 ff.; BayObLG ZIP 1988, 1548.

[12] *Ordemann/Schomerus*, BDSG, 4. Aufl. 1988, § 45 Anm. 1; *Zöllner* in Baumbach/Hueck § 51 a Rdn. 31.

[13] Eingehend *Wohlleben*, a. a. O. (Fn. 11), S. 179 ff.; *Tietze*, die Informationsrechte des GmbH-Gesellschafters, 1985, S. 39 f.; *Grunewald* ZHR 146 (1982), 211, 214 f.; *Mertens*, FS W. Werner, 1984, S. 57 f., 563; BGH NJW 1983, 935, 937.

[14] Vgl. dazu z. B. *Zöllner*, Daten- und Informationsschutz im Arbeitsverhältnis, 2. Aufl. 1983; *Simitis*, Schutz von Arbeitnehmerdaten, Regelungsdefizite – Lösungsvorschläge, 1980; *Däubler*, Gläserne Belegschaften?, 1987; *Wohlgemuth*, Datenschutz für Arbeitnehmer, 2. Aufl. 1988; *Buchner*, Vom „gläsernen Menschen" zum „gläsernen Unternehmen" – zur rechtlichen Bindung der Datenerfassung und -verarbeitung im Betrieb, ZfA 1988, 449.

schutz gegen Entlassungen aus betrieblichen Gründen[15] fordern dann freilich die gleichen Personen oder Institutionen, daß die genannten Daten für die soziale Auswahl der zu Kündigenden Berücksichtigung zu finden hätten. Wie jedermann weiß, ist in Großbetrieben ein Personalabbau ohne Einschaltung der EDV kaum noch möglich, sowohl was die Beachtung der sozialen Gesichtspunkte als auch die Ermittlung von anderweitigen Beschäftigungsmöglichkeiten angeht[16]. Ganz offensichtlich geht es demgegenüber nicht an, auf der einen Seite die Datenermittlung und -speicherung einzuschränken, ohne auf der anderen Seite auch die Anforderungen an die Informationsverwendung durch den Arbeitgeber zu senken. Schon in einem Teilbereich des Informationsverkehrs wie dem innerbetrieblich auf die Arbeitsverhältnisse bezogenen ist es offensichtlich schwer, informationelle Regelungskonzepte zu entwerfen, die den Aufgaben des Informationswesens gerecht werden.

Es geht aber nicht nur um die Vermeidung von Widersprüchlichkeiten en detail, sondern, viel wichtiger, um die Sinnhaftigkeit des Ganzen, darum, daß künftig gerade in grundsätzlichen Fragen mehr mit dem Blick auf die Gesamtkonzeption argumentiert wird. Die zu beklagenden konzeptionellen Defizite werden nicht zuletzt an der Volkszählungsentscheidung des Bundesverfassungsgerichts[17] deutlich, die zwar im einzelnen durchaus Beherzigenswertes und Nachvollziehbares dekretiert hat, aber den Blick aufs Ganze der Informationsordnung gerade vermissen läßt[18].

Der Grund für die genannten Defizite bei der Regelung informationeller Probleme liegt nicht allein darin, daß der Denkansatz der Informationsordnung als einem Gefüge leitender Prinzipien noch nicht hinreichend entwickelt und bewußt ist, sondern – Hand in Hand damit –, daß es an der Herausarbeitung und gedanklichen Strukturierung stringenter Modelle der Informationsordnung im Sinn eines Leitkonzepts noch weithin fehlt, womit ich selbstverständlich die gedanklichen Leistungen, die hinsichtlich der Ordnung von Teilbereichen wie insbesondere des Rundfunkbereichs vorliegen[19], nicht verkleinern möchte. Es spricht jedoch

---

[15] § 1 II 1 KSchG.
[16] Vgl. *Rass,* Die Sozialauswahl bei betriebsbedingter Kündigung, 1986 (Untertitel: Ein Versuch der Entwicklung datenverarbeitungsgeeigneter Kriterien im Spannungsfeld zwischen Datenschutz, Rechtssicherheit und sozialer Gerechtigkeit); *Fenski,* Beteiligungsrechte des Betriebsrats bei der Sozialauswahl, 1989; BAG NZA 1989, 264.
[17] BVerfG 65, 1 ff. = NJW 1984, 419 ff.
[18] Dazu noch unten III 2. bei Fn. 43.
[19] Dazu vor allem *Oppermann,* Auf dem Weg zur gemischten Rundfunkverfassung in der Bundesrepublik Deutschland, JZ 1981, 721 mit zahlreichen Nachweisen der älteren Literatur; *Bethge,* Freiheit und Gebundenheit der Massenme-

einiges dafür, daß gerade die separate Entwicklung zahlreicher Partialordnungen des Informationswesens mit seinem partialen Expertentum Fehlentwicklungen eher fördert.

Statt oder wenigstens neben der scharfsinnigen Durchdringung von Teilbereichen wird nach meiner Überzeugung die konzeptionelle Durchdringung und Strukturierung des ganzen immer dringlicher[20], weil die Regelungsdichte in informationellen Fragen in einem Ausmaß zugenommen hat und noch weiter zunimmt, das beängstigend ist[21]. Nicht nur die Gesetzgeber in Bund und Ländern sind dabei am Werk, sondern auch die Länder und Staaten untereinander in Staatsverträgen, die Satzungsgeber, Tarifparteien, Betriebsvereinbarungsparteien und nicht zuletzt öffentliche und private Monopolisten in einseitig ausgegebenen Bedingungen etc.

3. Grund und Hintergrund von Ordnungsbedürfnissen

Diese Zunahme der Regelungsdichte kommt nicht von ungefähr, sondern sie ist Ausdruck der Geschwindigkeit technischer Entwicklungen, die über die Gesellschaft hereingebrochen sind. Für eine peu a peu-Gewöhnung blieb keine Chance, und das berühmte Poppersche Grundprinzip der Entwicklung der von ihm sogenannten offenen Gesellschaft, nämlich diese Entwicklung nur in kleinen Schritten zu vollziehen, um die Freiheit nicht zu gefährden, ist durch die Macht der technischen Tatsachen selbst in Gefahr geraten.

Die stark veränderte Befindlichkeit unserer Gesellschaft wird von Sozialwissenschaftlern bekanntlich als Informationsgesellschaft gekennzeichnet[22]. Mit diesem stark in Mode gekommenen Schlagwort wird

---

dien, DVBl. 1983, 369; ders., a. a. O. (Fn. 5); *Lerche*, Presse und privater Rundfunk, 1984; *Ratzke*, Handbuch der neuen Medien, 1982; *Jarass*, In welcher Weise empfiehlt es sich, die Ordnung des Rundfunks und sein Verhältnis zu anderen Medien – auch unter dem Gesichtspunkt der Harmonisierung – zu regeln? Gutachten zum 56. DJT, 1986, S. G 9 ff. mit zahlreichen Nachweisen; *Rolf Groß*, Medienlandschaft im Umbruch, 1986. Vgl. ferner oben Fn. 5.

[20] Unter Konzeption wird hier freilich nicht die Ordnung aller Informationsmedien etwa im Sinn einer Rollenverteilung und eines Ineinandergreifens verstanden, wie dies bei Wissenschaftlern so unterschiedlicher Provenienz wie *Steinmüller* (Recht und Politik 1980, 65) und *Stern* (Sitzungsbericht 54. DJT 1982 S. H 45) der Fall ist. In ähnlichem Sinn wie diese auch *Bull*, Recht und Politik, 1980, 150.

[21] Vgl. z. B. Informationsgesellschaft und Überwachungsstaat, Symposium der hessischen Landesregierung, 2 Bände, 1984; Zukunftsperspektiven gesellschaftlicher Entwicklungen, Kommissionsbericht erstellt im Auftrag der Landesregierung von Baden-Württemberg, 1983, S. 77 ff.

[22] *Daniel Bell*, Die nachindustrielle Gesellschaft (USA 1973), zit. nach der Campus-Verlag Ausgabe 1985, S. 353; *Philipp Sonntag* (Hrsg.), Die Zukunft der

selbstverständlich weder der gesellschaftliche noch der ökonomische Zustand auch nur in den wichtigsten Aspekten umfassend charakterisiert. Aber die Bezeichnung als Informationsgesellschaft hebt einen sehr wichtigen Charakterzug zutreffend hervor: Daß die für den Wirtschaftsprozeß und damit für einen Großteil der Bedürfnisbefriedigung leitende Technologie im wahrsten Sinn des Wortes die Informationstechnologie ist. So wie sich für ganz frühe Zeiten von einer Gesellschaft der Jäger und Sammler, dann von der Agrargesellschaft und schließlich von der Industriegesellschaft sprechen läßt, so ist es heute durchaus treffend, von einer Informationsgesellschaft zu sprechen[23].

Das Ausmaß der Bedeutungszunahme der Information für unsere Gesellschaft läßt sich als sogenannte Informationsdichte nach einer ganzen Reihe von Maßstäben bestimmen[24], z.B. nach dem Verhältnis von Informationsgebern und Informationsmasse, nach dem Verhältnis von Informationsmenge zur Menge der zu ihrer Speicherung und Übermittlung benötigten Energie, ferner nach der Informationsmenge, die pro Zeiteinheit übermittelt werden kann, nach dem Verhältnis von Informationsmenge und Kosten, schließlich auch nach der Zahl der Erwerbstätigen, die im Informationsprozeß beschäftigt sind. Es gibt gewiß auch noch andere Indikatoren. Nach allen diesen Maßstäben ist eine Vervielfachung der Informationsdichte mit weiter steigender Tendenz zu verzeichnen[25].

Mir geht es nicht darum, ob die Bezeichnung Informationsgesellschaft glücklich gewählt, ob sie treffend ist, sondern um den dahinterstehenden ökonomischen und sozialwissenschaftlichen Befund, dessen Richtigkeit unbezweifelbar ist, d. h. um die immens gestiegene Bedeutung der Information in und für diese Gesellschaft. Die Informationsdichte ist dabei nur ein Symptom für das viel wichtigere Ansteigen der *qualitativen* Bedeutung der Information. Diese gestiegene qualitative Bedeutung liegt in der kontinuierlichen Steuerungswirkung für individuelle und kollektive Entscheidungsprozesse. Dabei ist nicht nur von Belang, daß die Zahl der Entscheidungen pro Zeiteinheit – individuell wie kollektiv – sich verviel-

---

Informationsgesellschaft, 1983 (vgl. die Beiträge von *Bull*, S. 10 ff.; *Deutsch*, S. 68 ff. und *Briefs*, S. 229 ff.); *Steinbuch*, Maßlos informiert, 1978; *Kiefer*, Auf dem Weg zur Informationsgesellschaft, 1982.
[23] Vgl. Zukunftsperspektiven a. a. O. (Fn. 21), S. 77 ff. Auch von Kommunikationsgesellschaft ist die Rede, vgl. z. B. *Bullinger*, Kommunikationsfreiheit im Strukturwandel der Telekommunikation, 1980.
[24] Dazu etwa Zukunftsperspektiven a. a. O. (Fn. 21) S. 78 f.; *Deutsch*, a. a. O. (Fn. 22), S. 70 f.
[25] Zu „Auswirkungen der zunehmenden Informationsüberlastung auf das Verhalten von Juristen" der Beitrag von *Beste/Kroeber-Riel/H. Jung* in der Gedächtnisschrift für W. K. Geck, 1989, S. 37 ff.

facht hat, was in direktem Zusammenhang damit steht, daß die Zahl der Entscheidungsalternativen durch die Entwicklung der Verhältnisse entsprechend gestiegen ist. Ebenso bedeutsam ist vielmehr, daß die Zahl der Informationen, die in die einzelne Entscheidung einfließen, also für ihre Richtung bestimmend sind, sich vervielfacht hat. Mit der Zunahme der Informationstechniken geht – aus vielerlei Gründen – die Zunahme der Informationsvielfalt einher, d. h. der Informationsgegenstände und -inhalte. Dieser Prozeß ist keineswegs nur ein vorübergehender oder auch nur ein stationärer. Wenn nicht alles täuscht, wird sich im Gegenteil die Zahl der den einzelnen erreichenden Informationen in den kommenden Jahrzehnten laufend weiter verstärken.

Vor dem Hintergrund dieses Befundes wird verständlich, daß objektive Regelungsbedürfnisse ebenso wie subjektive Regelungswünsche zunehmen. Steigende Informationsdichte zieht steigende informationelle Regelungsdichte nach sich.

II. Die Entwicklung von Ordnungsmodellen und -grundsätzen

Auf einem andern Blatt steht, wie überzeugend demgegenüber die Herausarbeitung stringenter informationeller Ordnungsmodelle möglich ist. Hier stehen wir erst am Anfang der Arbeit. Juristen haben mit dieser Herausarbeitung naturgemäß besondere Schwierigkeiten, wie es ihnen ja auch kaum gelungen wäre, Modelle der Wirtschaftsordnung selbst zu entwickeln. Der Jurist denkt nicht gern in Abläufen, in Entwicklungsprozessen oder dynamischen Zusammenhängen, sondern eher in Positionen, Institutionen und Kompetenzen. So liegt es ihm, begreiflicherweise, näher, die Elemente einer Informationsordnung in verfassungsrechtlich ausgeformten Rechten zu suchen oder sie wenigstens dorthin zu hypostasieren.

1. Parallelen zur Wirtschaftsordnung?

Daß eine Herausarbeitung von Informationsordnungsmodellen nicht in direkter Parallele zur Wirtschaftsordnung gelingen kann, scheint mir sicher, weil ordnende Kräfte nach Art des Marktes im privaten Informationsverkehr nicht generell wirksam werden, sondern nur dort, wo Informationen wie Marktgüter gegen Entgelt gehandelt werden. *Insoweit* läßt sich durchaus von Informationsmärkten sprechen[26]. Selbstverständlich gibt es auch über solche Märkte hinaus im Informationsverkehr so etwas

---

[26] Diese Figur ist zu unterscheiden von der „Information für Märkte", wie beides etwa von *Hopf*, Information für Märkte und Märkte für Informationen,

wie „Angebot" und „Nachfrage". Aber ohne Vermittlung von Märkten ist keine Gewähr, daß nachgefragte Informationen bereit stehen und daß bei nicht nachgefragten Informationen von Speicherung und Übermittlung abgesehen wird. Andererseits ist, wo Märkte bestehen, nicht gesichert, ob die Marktkräfte steuernde Wirkung gerade im Hinblick auf besonders drängende Ordnungsfragen zu entfalten vermögen. Ich lasse diesen Punkt hier so stehen, obgleich vieles dazu ausgeführt werden könnte, wie z. B. daß es durchaus Mechanismen gibt, die in gewissem Umfang steuernd wirksam werden, etwa die Kostenträchtigkeit von Informationserhebung, Informationsspeicherung und Informationsübermittlung, von der eine beträchtliche eindämmende Wirkung auf die Informationsflut ausgeht. Ich begnüge mich insoweit mit dem unbezweifelbaren Satz, daß es an einem dem Markt vergleichbaren allgemein wirksamen Steuerungsmechanismus für den Informationsverkehr fehlt.

2. Parallelen zur Verkehrsordnung?

Nicht ohne eine gewisse Popularität sind im Datenschutzrecht Parallelen zum Verkehrsrecht. Bekannt ist die Redeweise, das Datenschutzrecht müsse zur Datenverkehrsordnung oder einem Datenverkehrsrecht[27] umgebaut werden. Die Parallele läßt sich verallgemeinern auf das gesamte Recht der Informationsordnung. Dadurch kann das Nachdenken über bestimmte Elemente sehr gefördert werden, gleichzeitig werden aber auch die Grenzen einer solchen Betrachtung deutlich. Verkehrsrecht kann regeln, welche Vehikel zur Teilnahme am Verkehr zugelassen werden – manche würden etwa am liebsten die elektronischen Mittel der Speicherung und Übermittlung wegen ihrer angeblichen Gefährlichkeit verbieten. Verkehrsrecht kann weiter regeln, auf welchen Wegen Verkehr stattfinden darf – manche Bereiche des Rundfunkrechts und des Rechts der Telekommunikation sind einer solchen Betrachtung zugänglich, aber beileibe nicht alle und nicht einmal die wichtigsten – und weiter kann Verkehrsrecht normieren, wie Verkehrswege zu benützen sind. Sinnvoll ist das nur dort, wo sich die Benutzer sonst entweder im Wege sind oder einander gefährden. Auf vielen Informationsübermittlungswegen ist das gerade nicht der Fall. So hat etwa die Informationsübermittlung durch Lichtwellen in Breitbandglasfaserkabeln nicht mehr das geringste mit einer selbst vielbahnigen Autobahn zu tun.

1983, thematisiert worden ist; vgl. auch *Kunz*, Marktsystem und Information, 1985. Zur im Text genannten Thematik z. B. *Gröner*, Meinungsfreiheit und Wettbewerb Ordo Bd. 30 (1979), 229 ff.

[27] *Schneider/Steinbrinck*, in: Gallwas u. a., BDSG, Kommentar, Einl. Rdn. 77; *Steinmüller*, Film und Recht, 1977, 440.

Am lehrreichsten könnte noch immer folgende, inzwischen schon oft verwendete Parallele sein[28]: im Autofahren sehen wir, obgleich es Leib und Leben anderer Verkehrsteilnehmer gefährdet, keinen Eingriff in diese Rechtsgüter. Warum dann bereits die bloße Verarbeitung personenbezogener Daten – also der Verkehr mit diesen Daten – prinzipiell einen Eingriff in die Persönlichkeit der Betroffenen darstellen soll, bleibt das Geheimnis der Vertreter dieser Auffassung einschließlich des Bundesverfassungsgerichts. Datenschutzrecht kommt unter dieser Parallele in erhebliche Legitimationszwänge, denen sich seine Vorkämpfer freilich durch die schlichte Behauptung entziehen, der Persönlichkeitseingriff sei eben vorhanden. Anders als die Verarbeitung personenbezogener Daten machen wir die rechtliche Zulässigkeit des Autofahrens auch nicht davon abhängig, daß es in einem Zweckzusammenhang mit Rechtsverhältnissen zu anderen Verkehrsteilnehmern steht oder durch überwiegende Interessen des Fahrers getragen wird – welche sollten dies gegenüber Leib und Leben anderer Menschen auch sein, außer einem Transport ins Krankenhaus?

Die Parallele zur Verkehrsordnung kann nun zwar einzelne Wertungswidersprüche aufdecken oder rechtspolitische Überlegungen sinnfälliger machen, aber sie vermag den Aufbau eines generellen Ordnungsmodells nicht zu tragen, und zwar wie mir scheint aus einem sehr einfachen Grund: Weil die eigentlichen Problemfragen mit Verkehrsproblemen im Sinn des Straßenverkehrs nicht vergleichbar sind, nämlich: Wie es mit dem Zugang zu Informationen zu halten ist, inwieweit Informationen gespeichert und inwieweit sie übermittelt werden dürfen. Das alles resultiert aus Überlegungen, die mit der Sicherheit von Verkehrswegen nichts zu tun haben. Wenn wir von Informationsverkehr sprechen, so tun wir das in einem ganz abstrakten oder übertragenen Sinn, so wie der Jurist vom Rechtsverkehr oder Geschäftsverkehr spricht. Es geht dabei um nicht mehr als um Kommunikation oder Kontakt.

3. Das relevante Ordnungsproblem: Öffnung, Förderung und Beschränkung von Kommunikation

Mit diesen Überlegungen kommt man dem Kern des Ordnungsproblems näher: Die Informationsordnung hat es damit zu tun, inwieweit und wodurch Kommunikation[29] offengehalten, gefördert oder beschränkt

---

[28] Sie wird z. B. benutzt von *Ehmann*, AcP 188, 230, 268 Fn. 215.
[29] Zu diesem unter verschiedensten Aspekten gebrauchten, äußerst schillernden Begriff vgl. z. B. *Bullinger*, Kommunikationsfreiheit im Strukturwandel der Telekommunikation, 1980; *v. Hentig*, Das allmähliche Verschwinden der Wirk-

sein soll. Insbesondere im Bereich der personenbezogenen Daten spielt der kommunikative Aspekt eine besondere Rolle, der in der bisherigen Diskussion zwar gesehen, vielfach auch im Sinn einer Pflichtübung erwähnt, aber kaum wirklich bedacht wird. Um ein Mißverständnis auszuschließen, das durch einen zu engen Kommunikationsbegriff produziert werden könnte: Auch die Zulässigkeit der Speicherung von Informationen, die im Datenschutzrecht eine zentrale Rolle spielt, ist ein Kommunikationsproblem, wie schon daraus deutlich wird, daß die nichtgespeicherte Information in vielen Fällen der gar nicht empfangenen gleichkommt, weil diese oftmals ohne Speicherung nicht nutzbar ist, und das gilt, wie ich schon an dieser Stelle betonen möchte, unter den gewandelten technischen und ökonomischen Gegebenheiten auch und gerade für die grundsätzlich verbotene Speicherung personenbezogener Daten mittels EDV. Ich meine damit folgendes: Wo EDV das nach den Umständen praktisch allein in Frage kommende Speicherungsmodell für Informationen ist, kommt ein Verbot elektronischer Speicherung weitgehend einem Informationsempfangsverbot gleich. Darauf ist noch zurückzukommen.

III. Problemfelder der Informationsordnung und Grundsätze zu ihrer Regelung

Lassen Sie mich skizzenhaft die Problemfelder der Informationsordnung abstecken und einige Grundsätze zu ihrer Ordnung darlegen.

Für die zutreffende Entwicklung übergreifender Ordnungszusammenhänge ist es dabei von zentraler Bedeutung, daß die sogenannten *personenbezogenen* Daten, auf die sich das Datenschutzrecht beschränkt, im Rahmen der Informationsgesamtordnung nur einen Ausschnitt bilden, und keineswegs den wichtigsten. Die Problemsicht darf mit anderen Worten nicht zu früh auf personenbezogene Daten verengt werden. Problemfelder der Informationsordnung, d. h. Bereiche, in denen Ordnungsprobleme auftreten, sind vor allem die folgenden: Der Bereich der Informationserzeugung, der Bereich des Informationszugangs, der Bereich der Informationsspeicherung und der Bereich der Informationsübermittlung.

1. Informationserzeugung; Informationsbegriff

Um zu verstehen, worum es bei der Informationserzeugung geht, sind zunächst einige wenige Sätze zum Informationsbegriff erforderlich. Vor

---

lichkeit, 1984; *Merten*, Kommunikation, 1977, S. 29 ff. (mit Überblick zu Definitionsversuchen S. 168–182); *Holder*, Kommunikation, 1975; *Ronneberger*, Kommunikationspolitik, 1978.

allem muß das bei Laien leicht mögliche Mißverständnis ausgeräumt werden, Informationen entstünden von selbst in Gestalt realer Ereignisse in der Außenwelt. Ein solcher Sprachgebrauch ist verbreitet und selbstverständlich nicht falsch, für informationstheoretische und auch informationsrechtliche Überlegungen jedoch nicht zweckmäßig. Nach dem hier zugrundegelegten Informationsbegriff – es gibt zahlreiche andere, aber dieser hat sich vor allem für rechtliche Zusammenhänge bewährt – sind Informationen zur Übermittlung geeignete Zeichen mit Bedeutungsgehalt. Das Zeichen kann Sprache sein, ein Zahlencode, bildliche Darstellung, elektromechanische Impulse u. a. Ich gehe auf die Problematik des Informationsbegriffs[30] nicht weiter ein, weil sie nach meiner Erfahrung für informationsrechtliche Fragestellungen relativ unergiebig und unfruchtbar ist. Der Bedeutungsgehalt der Zeichen hat selbstverständlich mit irgendwelchen Bedeutungsgegenständen zu tun. Die Erzeugung dieser Bedeutungsgegenstände gehört nicht zur Informationsordnung: Naturkatastrophen, politische Ereignisse, Autounfälle, Krankheiten von Außenministern und Hüte von Lady Di, all das ist informationsordnungstheoretisch nicht selbst Information, sondern kann nur Gegenstand einer solchen werden. Anders steht es z. B. mit Meinungen, mit Schöpfungen der Kunst, mit Ergebnissen wissenschaftlicher Forschung. Sie existieren erst mit ihrer intersubjektiv vermittelbaren Ausformung. Schon die Erzeugung dieser Informationen ist durch verfassungsrechtliche Freiheiten geschützt: Meinungsfreiheit, Pressefreiheit, Kunstfreiheit, Wissenschaftsfreiheit. Man wird diesen Bereich der Informationserzeugung zweckmäßigerweise als Teilbereich der Informationsordnung verstehen; wie sich im Medienrecht zeigt, also im Presserecht, Rundfunkrecht etc., sind dort Informationserzeugung und Informationsverbreitung, d. h. Informationsübermittlung, eng verschwistert.

Wichtig ist auch der Zusammenhang, daß die Erzeugung einer Information und ihre Speicherung praktisch vielfach, für wichtige Informationen geradezu typischerweise, zusammenfallen. Das Verbot der Informationsspeicherung kommt dann, das habe ich schon in ähnlichem Zusammenhang hervorgehoben, einem Verbot der Informationserzeugung gleich[31]. Mit fortschreitender Dominanz der EDV als Speicherungs-

---

[30] Umfassend dazu etwa *Wersig*, Information, Kommunikation, Dokumentation, 1971. Kritisch und weiterführend dazu *Egloff/Werckmeister*, in: Steinmüller (Hrsg.), Informationsrecht und Informationspolitik, 1976, S. 280, 286 ff.; *Reisinger*, a. a. O. (Fn. 9), S. 73 ff.; *Druey*, Verträge auf Informationsleistung, FS Schluep, 1988, S. 147, 149 ff.; *Hopf*, a. a. O. (Fn. 26), S. 6 ff.; *Titze*, Ist Information ein Prinzip?, 1971, S. 93 ff.; *Sieber*, a. a. O. (Fn. 9) S. 2572 f.
[31] Oben bei II 3.

medium wird dann auch das Verbot der Speicherung im Computer zum Informationserzeugungsverbot. Im Zuge der bislang gewohnten Zweigleisigkeit unseres Informationswesens – also Nutzung traditioneller Speicherungs- und Übermittlungswerkzeuge einerseits und EDV andererseits – und der bisher noch weithin geltenden Zweigleisigkeit des Datenschutzrechts ist dieser Zusammenhang noch nicht allgemein bewußt. Er würde aber höchste Relevanz gewinnen, wenn Regelungen des Datenschutzes, wie vielerseits befürwortet, auch auf die Speicherung in Nichtdateien[32] ausgedehnt würden, und er würde weiter von selbst wirksam durch die Entwicklung des Informationswesens hin zur Vorrangigkeit elektronischer Speicherung, wie sie für viele Bereiche bereits besteht und für weitere Bereiche zu erwarten sein dürfte.

2. Informationsspeicherung

Im Problemfeld der Informationsspeicherung geht es im wesentlichen um die Frage, inwieweit Inhalte oder empfangene Informationen auf einem Informationsträger festgehalten werden dürfen. Außerhalb der Datenschutzgesetze kennt die Rechtsordnung Speicherungsverbote nur ganz ausnahmsweise, und sie betreffen, wenn ich recht sehe, abgesehen von der unrechtmäßig erlangten Information, die grundsätzlich nicht gespeichert werden darf[33], sämtlich Fälle, in denen es um den Schutz persönlichkeitsrelevanter Informationen geht: Die künstlerische Darbietung darf nicht mitgeschnitten[34], der Vortrag des Schriftstellers oder

---

[32] Zuletzt wieder vom Bundesrat in seiner Stellungnahme zum Regierungsentwurf eines Bundesdatenschutzgesetzes unter A. 1., BT-Drucks. 11/4306 Anl. 2 S. 72 (RdV 1989, 131 f.); *Tinnefeld*, Datenschutz für Aktendaten, CR 1989, 43; *Tuner*, Zur Einbeziehung von personenbezogenen Daten aus Akten in den Datenschutz, CR 1987, 183; vgl. auch *Simitis/Walz*, Das neue Hessische Datenschutzgesetz, RdV 1987, 157. Kritisch zu den Reformplänen *Ehmann*, RdV 1989, 64 ff.

[33] Das ist ein jedenfalls im Bereich personenbezogener Informationen offenbar anerkannter Grundsatz, vgl. etwa *Zöllner*, a. a. O. (Fn. 14), S. 46; BAG AP Nr. 2 zu § 23 BDSG (dagegen zu Unrecht *Buchner*, ZfA 1988, 476, der von der nicht zutreffenden Annahme ausgeht, daß bei Vorliegen der Speicherungsvoraussetzungen stets auch die Informationserhebung rechtens sein werde). Der Grundsatz läßt sich m. E. ohne Bedenken auf alle Informationen ausdehnen, weil das unrechtmäßig Erlangte „herauszugeben" ist, was allemal sinngemäß ein Verbot der Speicherung nach sich ziehen muß. Anders zwar der BGH in seinem Wallraff-Urteil BGHZ 80, 25 (kritisch dazu *Bettermann* NJW 1981, 1065); gegen ihn jedoch BVerfGE 66, 116, 143 ff.

[34] Vgl. § 16 II UrhG; dazu *Schricker/Loewenheim*, Urheberrecht, 1987, § 16 Rdn. 2 ff.

Wissenschaftlers nicht mitstenographiert[35], die menschliche Stimme nicht auf Tonband aufgenommen[36], die nicht der Zeitgeschichte angehörende Person nicht fotografiert[37] werden. Man kann die Frage stellen, ob es sich dabei nur um mehr oder minder zufällige Ausprägungen der konkreten Rechtsordnung handelt oder um Regelungsmuster, die guter Informationsordnung entsprechen. Ich meine, daß sich durchaus von einem gewachsenen und bewährten Ordnungsgrundsatz sprechen läßt, der – etwas pauschal, aber im Kern durchaus treffend – vielleicht dahin zusammengefaßt werden könnte, daß man die fremde Persönlichkeit zwar hören, sehen, überhaupt wahrnehmen, aber sie sich nicht auf Dauer aneignen darf[38].

Für das Datenschutzrecht ist das grundsätzliche Speicherungsverbot für personenbezogene Daten in Dateien, wie es §3 BDSG vorsieht, von zentraler Bedeutung. Ganz besonders besteht diese zentrale Bedeutung beim Arbeitnehmerdatenschutzrecht, weil die Übermittlung von Arbeitnehmerdaten, soweit sie nicht gesetzlich vorgeschrieben ist (wie z.B. in Sozialversicherungs- und Steuergesetzen)[39], relativ selten vorkommt. Die rechtspolitische Grundsatzfrage liegt darin, woraus das grundsätzliche Speicherungsverbot zu legitimieren ist. Die besonderen technischen Möglichkeiten der EDV[40], also der schnelle Zugriff auf Daten, auch aus großer Entfernung, der gezielte Zugriff auf bestimmte Einzeldaten, die rasche Zusammenführung von Daten aus verschiedenen Speichern, die gezielte

---

[35] *Hubmann*, Urheber- und Verlagsrecht, 6. Aufl. 1987, §25 I 1; *Schricker/ Loewenheim*, a.a.O. (Fn. 34), §16 Rdn. 3 und 6; vgl. andererseits §48 I UrhG.

[36] BGHZ 27, 284, 286; 73, 120, 123; BGH NJW 1982, 277; BGHSt 19, 325, 330; BVerfGE 34, 238, 246.

[37] Dazu §22 KunstUrhG, der selbst allerdings nur das Verbreiten oder Zurschaustellen von Bildnissen verbietet. Vgl. auch BGH NJW 1974, 1947. Zum Recht am eigenen Bild eingehend *Schwerdtner*, Das Persönlichkeitsrecht in der deutschen Zivilrechtsordnung, 1977, S. 207 ff.; insbesondere im Arbeitsrecht *Wiese*, Der Persönlichkeitsschutz des Arbeitnehmers gegenüber dem Arbeitgeber, ZfA 1971, 273, 284 ff.

[38] Dieser Gedanke ist m.W. zuerst von *Lukes* in einem Vortrag vor der Zivilrechtslehrervereinigung 1960 geäußert worden.

[39] Eine umfangreiche Zusammenstellung der einschlägigen Rechtsnormen enthält *Hentschel/Goldenbohm/Laicher*, Auskunfts-, Bescheinigungs- und Meldevorschriften im Personalwesen, 3. Aufl. 1988.

[40] Zu diesen, meist mit warnender Tendenz vor allem *Bull*, Datenschutz oder Die Angst vor dem Computer, 1984, S. 17 ff.; *Seif*, Daten vor dem Gewissen, 1986, S. 22 ff.; *Simitis*, Reicht unser Datenschutz angesichts der technischen Revolution, in: v. Schoeler (Hrsg.), Informationsgesellschaft oder Überwachungsstaat, 1986, S. 21, insbes. S. 30 ff.; eher kritisch hingegen *Sasse*, Persönlichkeitsrecht und Datenschutzgesetzgebung in der Bundesrepublik Deutschland, FS Mallmann, 1978, S. 213 ff.

maschinelle Kombination von Daten – diese besonderen technischen Möglichkeiten der EDV, die eine Zeitlang undifferenziert für die Begründung der Legitimation eingesetzt worden sind, reichen unter einem differenzierten Verständnis nicht mehr aus, das weitgehende Verbot des BDSG zu tragen. Der Grund für dieses Legitimationsdefizit liegt darin, daß die Entwicklung seit Inkrafttreten des BDSG zu sehr weitgehendem Gebrauch der EDV geführt hat und dadurch das Speicherungsverbot vielfach zum Datenermittlungsverbot und Datenverwendungsverbot wird, ein Effekt, der bei Schaffung des Gesetzes in keiner Weise gesehen oder gar gewollt wurde.

Der Kern der Legitimationsfrage liegt m. E. darin, ob die Speicherung personenbezogener Daten einen Eingriff in das Persönlichkeitsrecht des Betroffenen darstellt. Ich habe vorhin bei Erörterung des Gedankens der Datenverkehrsordnung schon darauf hingewiesen, daß eine abstrakte Gefährdung der Persönlichkeit noch nicht als Eingriff gewertet werden darf, wie das in einer Art moderner schlechter Begriffsjurisprudenz vielfach geschieht, so wenig wie eine Gefährdung von Leib oder Leben bereits einen Eingriff in diese Rechtsgüter darstellt[41]. Übrigens geht auch die Behauptung viel zu weit, daß die Speicherung jeglicher personenbezogener Daten per se schon eine Persönlichkeits*gefährdung* sei. Das Persönlichkeitsrecht erlebt freilich, obgleich es erst im Gefolge der Habilitationsschrift von *Heinrich Hubmann* in den fünfziger Jahren einen Durchbruch erlebt hat, einen seine Substanz verschleißenden Vielgebrauch namentlich in der Rechtsprechung der Oberlandesgerichte, die sich etwa auch dazu verstiegen haben, in der Zusendung unerwünschter Werbung eine Persönlichkeitsverletzung zu sehen[42]. Der juristische Einsatz höchster Werte zur Erreichung nebenrangiger Ziele wie der Abwehr relativ geringfügiger Belästigungen ist ein bedenkliches Symptom für eine in Wertungsschieflagen geratende Rechtsdogmatik.

Das Bundesverfassungsgericht hat sich, um zum Rechtseingriff zu kommen, in der Volkszählungsentscheidung[43] bekanntlich der Figur des sog. informationellen Selbstbestimmungsrechts bedient, dessen verfas-

---

[41] Gegen den Eingriffscharakter etwa *Sasse* a. a. O. (Fn. 40); *Krause* DB 1983, Beil. Nr. 23, S. 11; *Ehmann* AcP 188, 230, 270; *Zöllner*, ZHR 149 (1985), 179, 181. Den Eingriffscharakter grundsätzlich bejahend z. B. BGH NJW 1984, 436; BGHZ 91, 237, 239.

[42] Jetzt auch BGH NJW 1989, 902, 903; ferner BGHZ 60, 296; OLG Karlsruhe AfP 1983, 399; OLG München NJW 1984, 2422; OLG Frankfurt NJW 1988, 1854; vgl. auch BVerwG BB 1989, 1647; ferner *Schwerdtner*, a. a. O. (Fn. 37), S. 202 f.

[43] BVerfGE 65, 1, 42.

sungsrechtliche Qualität es nicht expressis verbis klarstellt. Es soll sich bei diesem Recht nicht um ein eigenes Grundrecht handeln, wohl aber um eine Art aus der Kombination von Artikel 1 und 2 Grundgesetz zu folgerndes verfassungsrechtlich garantiertes Recht[44]. Ein solches Recht ist indessen mit den zahlreichen Freiheitsgarantien der Verfassung, die den Informationsverkehr betreffen, nicht ohne weiteres in Übereinstimmung zu bringen. Denn wie könnte unter diesem Aspekt widerspruchsfrei harmonisiert werden, daß die Speicherung harmloser Daten wie jener bei der Volkszählung zu erfragenden durch eine Behörde einen nur durch Gesetz zulässigen Rechtseingriff darstellen soll, die Speicherung und evtl. Veröffentlichung relativ schwerwiegender personenbezogener Daten durch ein Nachrichtenmagazin hingegen einen verfassungsrechtlich grundsätzlich unbedenklichen Vorgang?

Die grundsätzliche Statuierung eines informationellen Selbstbestimmungsrecht läßt vor allem außer Betracht, daß personenbezogene Daten vielfach gleichzeitig Sozialbezug haben. Der Mensch ist zwar Individuum, aber er lebt nur durch andere, mit anderen und für andere. Seine persönlichen Eigenschaften und Umstände sind daher nicht nur seine Sache, sondern auch zugleich – jedenfalls in etlichen Bezügen – Sache der Gemeinschaft. Seine vergangenen Handlungen haben ökonomische und soziale Wirkungen erzeugt, und seine zukünftigen Handlungen werden dies weiter tun. Es ist schon von daher eine seltsam realitätsferne Vorstellung, ein Mensch dürfe sich zu jeder Stunde als unbeschriebenes Blatt neu präsentieren, und er dürfe sich von seiner Vergangenheit, von seinen Eigenschaften und von seinen umweltbezogenen Umständen separieren[45]. Erst recht muß die Figur des informationellen Selbstbestimmungsrechts im privaten Rechtsverkehr versagen. Dort sind Daten, die für die Rechtsbeziehung relevant sind, insbesondere Ereignisse bei Begründung, Vollzug oder Beendigung des Rechtsverhältnisses, eben nicht nur Daten des einen, sondern auch und in gleicher Weise des anderen Partners. Ob A eine Schuld an mich zahlt, wann und wieviel, ist ebenso sehr meine Sache

---

[44] Dazu *Scholz/Pitschas*, Informationelle Selbstbestimmung und staatliche Informationsverantwortung, 1984; *Vogelsang*, Grundrecht auf informationelle Selbstbestimmung?, 1987; *Simitis*, Die informationelle Selbstbestimmung – Grundbedingung einer verfassungskonformen Informationsordnung, NJW 1984, 398 ff.; *Denninger*, Das Recht auf informationelle Selbstbestimmung, in: Hohmann (Hrsg.), Freiheitssicherung durch Datenschutz, 1987, S. 127 ff.; *Ehmann* AcP 188, 230, 298; vom „Recht auf Selbstdarstellung", das in Art. 2 I i. V. m. Art. 1 I GG verankert sei, spricht *Schmitt Glaeser*, in: Isensee/Kirchhof (Hrsg.), Handbuch des Staatsrechts, Bd. VI, 1989, § 129 Rdn. 45 ff. und 76 ff.

[45] Kritisch zu solchen „Autonomievorstellungen" *Ehmann*, AcP 188, 230, 329 ff.

wie seine. Ob Arbeitnehmer A schlecht arbeitet, wann er fehlt und warum, ist ebensosehr ein Datum des Arbeitnehmers wie des Arbeitgebers. Diese Überlegungen treffen nicht nur für Vertragsverhältnisse zu, sondern auch für gesetzliche Schuldverhältnisse. Verletzt A den B bei einem Verkehrsunfall, so sind die Unfalldaten Daten beider. Es ist eine sachunangemessene Vorstellung, daß hier jeder Beteiligte ein informationelles Selbstbestimmungsrecht gegenüber dem anderen haben könnte mit dem Ergebnis etwa gegenseitiger Informationsblockade.

Genauer zu überlegen hat man sich die Frage, inwieweit in der Speicherung personenbezogener Daten eine Aneignung der fremden Persönlichkeit liegen kann, wie bei der unerlaubten Abbildung[46]. Dies kommt in der Tat in Frage, wenn die gespeicherten Daten nach Art und Zahl geeignet sind, die Persönlichkeit des Betroffenen widerzuspiegeln[47]. Wann diese Voraussetzung im einzelnen vorliegt, ist freilich Gegenstand von vielen Zweifeln. Der Begriff des Persönlichkeitsprofils, in einschlägigen Zusammenhängen oft herangezogen, ist zu unbestimmt, um eine brauchbare Grenze abzugeben, weil Persönlichkeitsprofile überaus verwechselbar sind. Es stellt sich überdies die Frage ihrer Aussagekraft. Immerhin, so viel kann man stehen lassen: Eine grenzenlose Speicherungszulässigkeit persönlichkeitsrelevanter Daten darf es nicht geben.

Mit der Speicherung von Informationen ist ein zweites Ordnungsproblem verknüpft, das gleichzeitig vielfach als Legitimationsmuster für gesetzliche Regelungen dient: Das der Macht. Wer über mehr Informationen verfügt, bei Richtigkeit dieser Informationen also besser informiert ist, hat eine größere Chance, richtige Entscheidungen zu treffen. Gleichwohl wird man im Grundsatz Scheu hegen, Informationsspeicherung zu begrenzen, um Machtansammlung in diesem Sinn zu verhindern, weil dies letztlich auf die Verhinderung von Entscheidungen aus vollem Informationsstand und auf den Zwang zur Entscheidung im unnötigerweise Ungewissen hinausliefe. Gleichwohl wird der Machtaspekt vor allem für den Bereich personenbezogener Daten vehement hervorgehoben. Oft wird die Argumentation auf die kurze Formel „Wissen ist Macht"[48] gebracht[49]. Aber gerade in diesem Bereich ist das Argument höchst seltsam. Eine Bank hat über einen Kreditsuchenden nicht mehr Macht, wenn sie weiß, daß er kreditwürdig ist, als wenn sie dies nicht weiß. Weiß

---

[46] Vgl. oben Fn. 37. Ferner *Hubmann*, a. a. O. (Fn. 38), S. 296 ff.

[47] So z. B. *Bull*, Informationswesen und Datenschutz als Gegenstand von Verwaltungspolitik, in: Bull (Hrsg.), Verwaltungspolitik, 1979, S. 119.

[48] Eine *Francis Bacon* (1561–1626) zugeschriebene Sentenz ("For knowledge itself is power").

[49] Vgl. *Bull* a. a. O. (Fn. 2), S. 23; *ders.*, NJW 1979, 1179.

sie allerdings, daß er nicht kreditwürdig ist, so wird sie eher in Stand gesetzt, eine abschlägige Kreditentscheidung zu treffen, d. h. richtig zu entscheiden. Man kann das als Machtfaktor interpretieren, muß aber gleichzeitig sehen, daß Macht unter dieser Sicht, nämlich im Sinn einer Verbesserung von Richtigkeitschancen für Entscheidungen, nichts Negatives an sich hat. Und man muß weiter, dieser Gesichtspunkt ist von ebensogroßer Bedeutung, sehen, daß derjenige, der Informationen über sich selbst hat, sie dem anderen jedoch vorenthält, bei Relevanz dieser Informationen über den Entscheidungsvorgang seinerseits einen Machtvorsprung hat. Wer also davon redet, daß Wissen Macht sei, muß hinzufügen, daß Macht auch und gerade durch Vorenthaltung von Wissen ausgeübt wird[50].

Viel zu kurz kommt in der Diskussion um den Machtaspekt personenbezogener Informationen ein anderer Umstand, der die Einseitigkeit des Machtarguments verdeutlicht: Wenn ich recht sehe, wird die Macht des Informationsbesitzers in erster Linie erhöht durch die Verfügungsmacht über negative Aspekte der informationsbetroffenen Person, nicht dagegen durch die Kenntnis positiver Aspekte. Mancher in diesem Saal wird das richtige Gefühl haben, daß andere vor ihm mehr Respekt hätten, wenn sie mehr von ihm wüßten statt weniger, nämlich das viele Positive, das uns alle auszeichnet, von dem andere aber keine Kenntnis haben.

3. Informationszugang

Von hoher allgemeiner Brisanz ist das Problem des Informationszugangs, der Informationsermittlung hinsichtlich aller nicht öffentlich zugänglichen Informationen. Eine gute Informationsordnung wird für bestimmte besonders öffentlichkeitswichtige Informationen dafür sorgen, daß Publizität hergestellt wird durch Publikationspflichten verschiedenster Art[51] oder wenigstens durch Herstellung der Zugänglichkeit auf

---

[50] Sehr treffend bringt denn auch *Großfeld*, WPg 1980, 667, die Pflicht zur Rechnungslegung, also das genaue Gegenteil des Datenschutzes, mit dem Satz „Wissen ist Macht" in Verbindung. Zum Arbeitsrecht vgl. *Zöllner*, a. a. O. (Fn. 14), S. 28.

[51] Das wichtigste Beispiel stellt die Rechnungslegung bestimmter Unternehmensformen, insbesondere der Kapitalgesellschaften (§§ 264 ff. HGB) dar; weitere Beispiele bilden namentlich alle Arten öffentlicher Register wie Handelsregister, Vereinsregister, Güterrechtsregister, Genossenschaftsregister, ferner z. B. die Handwerksrolle, Urheberrolle; bedeutsam auch das bei den Amtsgerichten geführte Schuldnerverzeichnis (§ 915 ZPO). Zu § 107 II KO vgl. BVerfG NJW 1988, 3009.

Wunsch[52]. Die Publikationspflicht für Gesetze[53] gehört ebenso hierher wie diejenige für Dissertationen[54], ferner die Pflichten demokratischer Institutionen zur Information der Medien[55] und vieles andere. Wo Publizität nicht in Betracht kommt, kann das Recht durchsetzbare Informationsansprüche gewähren wie in Gestalt der Informationsrechte von Gesellschaftern[56], von Betriebsräten[57], Aufsichtsräten[58], Rechenschafts- und Auskunftsrechten in bestimmten vertraglichen Beziehungen[59], in Prozessen[60]. Sie kann sich auch begnügen mit Obliegenheiten wie der des Arbeitnehmers, auf sachbezogene Fragen des Arbeitgebers vor der Einstellung wahrheitsgemäß zu antworten[61].

Schranken des Zugangs zu Informationen weden in praxi vielfach durch die Mauern des Faktischen gebildet: Türschlösser an Gebäuden, an Räumen und Aktenschränken, Codes an Computern. Es gibt aber auch

---

[52] Das Gesetz kennt sie in unterschiedlichen Abstufungen: Für jedermann zugänglich sind etwa die zum Handelsregister eingereichten Schriftstücke (§ 9 I HGB; dazu BGH BB 1989, 1635; *Kollhosser*, NJW 1988, 2409); die Darlegung eines berechtigten Interesses wird hingegen für die Einsicht ins Grundbuch verlangt, § 12 I GBO (dazu OLG Hamm WM 1988, 1172; OLG Zweibrücken NJW 1989, 531). Für restriktive Auslegung der Veröffentlichungs- und Einsichtsnormen *Pardey*, Informationelles Selbstbestimmungsrecht und Akteneinsicht, NJW 1989, 1647 ff.

[53] Vgl. Art. 82 I GG.

[54] Die meisten Promotionsordnungen der Fakultäten deutscher Universitäten schreiben sie vor. Vgl. z. B. § 54 III 5 Universitätsgesetz Baden-Württemberg.

[55] Vgl. z. B. § 4 LPresseG Baden-Württemberg; *Schröer-Schallenberg*, Informationsansprüche der Presse gegenüber Behörden, 1987.

[56] Eingehend *Wohlleben*, a. a. O. (Fn. 11), S. 5 ff.; *K. Schmidt*, a. a. O. (Fn. 11); w. Nachw. oben bei Fn. 11 und 13.

[57] *Haug*, Informationelle Strategien im Arbeitsrecht, 1988, S. 186 ff.; *Balthasar*, Der allgemeine Informationsanspruch des Betriebsrats, Diss. Trier 1986; vgl. ferner § 80 BetrVG und die Kommentarliteratur hierzu.

[58] *Lutter*, Information und Vertraulichkeit im Aufsichtsrat, 2. Aufl. 1984; *Lutter/Krieger*, Rechte und Pflichten des Aufsichtsrats, 2. Aufl. 1988; *H. Westermann*, Rechtsstreitigkeiten um die Rechte aus § 90 AktG, FS Böticher, 1969, S. 369 ff.; *Theisen*, Überwachung der Unternehmensführung, 1987.

[59] Vgl. dazu z. B. *Winkler v. Mohrenfels*, Abgeleitete Informationsleistungspflichten im deutschen Zivilrecht, 1986, S. 30 ff.; *Lüderitz*, Ausforschungsverbot und Auskunftsanspruch bei der Verfolgung privater Rechte, 1966; *Ehmann*, AcP 188, 230, 254 f.

[60] *Stürner*, Die Aufklärungspflicht der Parteien des Zivilprozesses, 1976; *Winkler v. Mohrenfels*, a. a. O. (Fn. 59), S. 170 ff.; *Haug*, a. a. O. (Fn. 57), S. 96 ff.; *Rosenberg/Schwab*, Zivilprozeßrecht, 14. Aufl. 1986, § 119 VI.

[61] *Zöllner*, Arbeitsrecht, 3. Aufl. 1983, § 11 I 5 a; *Lieb*, Arbeitsrecht, 4. Aufl. 1989, S. 14; *Wiese*, ZfA 1971, 273, 300 f.; *Moritz*, Fragerecht des Arbeitgebers, NZA 1987, 329; BAG DB 1984, 298; NJW 1984, 446; AP Nr. 26 und Nr. 30 zu § 123 BGB; LAG Frankfurt LAGE Nr. 8 zu § 123 BGB.

rechtliche Schranken: Die Schweigepflicht von Bediensteten, das Verbot des Eindringens in die Privatsphäre (in die echte, nicht die von manchen Datenschützern behauptete)[62], alles Schranken, die gewiß Ausdruck einer guten Ordnung sind.

Umgekehrt kann der Staat sich manche Tür durch gesetzlichen Zwang aufschließen, die für Private niemals anders als freiwillig aufgehen darf. Der Problembereich des Informationszugangs steht nicht beliebiger Regelung durch den Gesetzgeber offen, sondern nur einer Regelung, die sich an sachgerechten Prinzipien orientiert. Zu dieser Sachgerechtigkeit gehört, daß Private in einer freiheitlichen Ordnung zur Herausgabe von Informationen an den Staat ebenso wie an Private nur gezwungen werden dürfen, so weit dem Informationsempfänger dafür ein schutzwürdiges Interesse zur Seite steht. Dieses Interesse muß um so höher sein, je höherwertig auf der anderen Seite das Interesse des Informationsgebers an der Zurückhaltung der Information ist. Die Freiheit des Informationsverkehrs ist gleichsam unteilbar, sie gilt für den Geber der Information ebenso wie für den Nachfrager. Aber sie gilt für Sachinformationen gleichermaßen wie für personenbezogene. Es ist deshalb m. E. schon im Ansatz verkehrt, wenn das Bundesverfassungsgericht die Schranken des Zugangsrecht in erster Linie aus dem Persönlichkeitsrecht entwickelt. Diese Begründung versagt für Sachauskünfte ebenso wie für Auskünfte über andere Personen. Daß der Ansatz beim Persönlichkeitsrecht verfehlt ist, zeigt sich auch an den Konsequenzen, von denen ich nur eine nenne: Es geht erheblich zu weit, wie das Bundesverfassungsgericht das getan hat, vom Gesetzgeber eine Umschreibung des Verwendungszwecks für staatlicherseits erhobene personenbezogene Daten zu verlangen und den Staat dann in der Konsequenz auf diese limitierte Verwendung festzulegen. Eine solche Verwendungsbeschränkung kann vertretbar sein für solche Daten, die ihrem Charakter nach das Persönlichkeitsrecht im echten Sinn berühren, niemals aber für den Katalog etwa jener Daten, die nach dem urteilsgegenständlichen Volkszählungsgesetz von Privaten zu erfragen waren.

Bedarf die Aufstellung von Pflichten zur Informationshergabe besonderer Voraussetzungen, so ist andererseits die Rechtsordnung auch nicht frei darin, die Aufstellung von Informationspflichten zu unterlassen. Die Privatrechtsentwicklung hat – weithin ohne Eingreifen des Gesetzgebers – solche Pflichten und Obliegenheiten in reichem Maß

---

[62] Hierzu *Maass*, Information und Geheimnis im Zivilrecht, 1970, S. 35 ff.; BGHZ 24, 200, 208.

hervorgebracht[63], sich dabei von dem BGB-immanenten Prinzip des arglistigen Verschweigens mehr und mehr lösend. Gute Ordnung eines freiheitlich konzipierten Rechts- und Wirtschaftsverkehrs muß notwendig darauf bedacht sein, Chancen und Risiken von Geschäften und Handlungen fair zu verteilen und das Unterlassen gebotener Information mit Haftungsfolgen zu belegen.

Von der Unzulässigkeit erzwungener Informationshergabe im Prinzip zu unterscheiden ist die nichtzwangsweise vorgehende Informationserhebung durch Private. In einer freiheitlichen Ordnung darf der Gesetzgeber (und gleichermaßen der rechtsfortbildende Richter) nicht die Ermittlung von Tatsachen beim Betroffenen durch andere Private blockieren, d. h. rechtliche Schranken gegen ihre Ermittlung aufrichten, die für privatautonome Entscheidungen eines Privaten von erheblichem Belang sind, sofern für die beiderseitigen Interessen der Grundsatz der Verhältnismäßigkeit gewahrt ist. Wer einen Kredit will, dessen Sicherung auf der Abtretung seines Arbeitseinkommens basiert oder wer eine Lebensversicherung abschließen möchte, darf daher nicht vom Gesetzgeber gegen eine gründliche ärztliche Untersuchung geschützt werden. Die Frau, die einen Arbeitsplatz sucht, muß nach einer Schwangerschaft auch dann gefragt werden dürfen, wenn der Charakter ihrer Arbeit die Beschäftigung außerhalb der Sperrfrist durchaus gestatten würde[64]. Anders ausgedrückt: Die Rechtsordnung darf Private nicht zur Entscheidung im Ungewissen zwingen, wo die Verschaffung von Gewißheit nicht außer Verhältnis zur Bedeutung der zu treffenden Entscheidungen steht.

4. Informationsübermittlung

Von besonderem Reiz und von großer Vielfalt ist der Problemkreis der Informationsübermittlung. Ich kann nur einige Grundfragen herausgreifen und in aller Kürze zu verdeutlichen versuchen, worum es geht.

a) Da ist zunächst das ungemein spannende Problem des Zugangs zu bestimmten Informationsübermittlungswegen. Gewiß kann jedermann Briefe senden, telegraphieren oder telefonieren, der die Gebühren zu zahlen bereit ist. Auch verschiedene neue Telekommunikationswege stehen der Benützung in gleicher Weise offen. Nicht jeder kann indessen in vorhandenen Zeitungen schreiben, nicht einmal bezahlte Annoncen muß

---

[63] Eingehend *Winkler v. Mohrenfels*, a. a. O. (Fn. 59), passim; *Lüke*, Der Informationsanspruch im Zivilrecht, JuS 1986, 2 ff.; *Ehmann*, AcP 188, 230, 254–257.

[64] Vgl. aber BAG DB 1986, 2413 und DB 1987, 1048; ferner oben Fn. 61.

das Presseorgan aufnehmen, wenn es nicht will[65], über den Rundfunk kann nicht jeder senden usw. Erst recht stößt die Etablierung eigener Übermittlungseinrichtungen auf rechtliche Grenzen wie insbesondere Postmonopole[66], deren innere Rechtfertigung in einer modernen Wirtschaft und Gesellschaft nach etlichen Richtungen fragwürdig geworden ist[67]. Selbstverständlich ist, daß niemand beliebig einen Rundfunksender errichten darf.

b) An einer Schnittstelle von Informationserzeugung und -übermittlung stehen die Fragen der medialen Informationsverbreitung insbesondere durch Rundfunk, Fernsehen und Presse. Äußere Pressefreiheit ist die noch immer unverzichtbare Grundbedingung einer funktionierenden Demokratie. Innere Pressefreiheit mit ihrer Sicherstellung durch sog. Redaktionsstatute war ein längere Zeit favorisiertes Thema, dessen Diskussion freilich keinen überzeugenden Abschluß gefunden hat. Die Ausgewogenheit der Programme öffentlicher Sendeanstalten, eine im Grundsatz unverzichtbare Forderung, bildet einen Dauerbrenner mit viel Stoff für Satiren, die Forderung nach Ausgewogenheit auch beim privaten Rundfunk durch Binnenpluralismus oder Außenpluralismus, vom Bundesverfassungsgericht im Zusammenhang mit dem niedersächsischen Rundfunkgesetz vor einigen Jahren bestätigt[68], bleibt in ihren Konturen nach wie vor sehr unbestimmt, ihre Dringlichkeit hängt von der Gestalt der Medienlandschaft im ganzen und von den sende- und kabeltechnisch

---

[65] OLG Karlsruhe NJW 1988, 341.

[66] Z.B. das Briefbeförderungsmonopol: §2 PostG; das Fernmeldemonopol: §1 Gesetz über Fernmeldeanlagen.

[67] Zur Diskussion des Fernmeldemonopols etwa *Mestmäcker* (Hrsg.), Kommunikation ohne Monopole – über Legitimation und Grenzen des Fernmeldemonopols, Symposion des Max-Planck-Instituts Hamburg, 1980, mit Beiträgen von *Lerche*, Das Fernmeldemonopol – öffentlich-rechtlich gesehen, S. 139; *v. Weizsäcker*, Wirtschaftspolitische Begründung und Abgrenzung des Fernmeldemonopols, S. 127; *Mestmäcker*, Fernmeldemonopol und Nachfragemacht, S. 161; *Knieps*, Entstaatlichung im Telekommunikationsbereich – eine theoretische und empirische Analyse der technologischen, ökonomischen und institutionellen Einflußfaktoren, 1985; Monopolkommission, Die Rolle der Deutschen Bundespost im Fernmeldewesen, 1981; *Windisch*, Privatisierung natürlicher Monopole im Bereich von Bahn, Post und Telekommunikation, 1987; *Möschel*, Deregulierung in der Telekommunikation, Ordo Bd. 39 (1988), 173 ff.; *Schatzschneider*, Fernmeldemonopol und Verfassungsrecht, MDR 1988, 569; *ders.* Telekommunikation in der Bundesrepublik Deutschland, CR 1987, 532 ff. Vgl. auch BVerfGE 78, 374, 385.

[68] BVerfGE 73, 118, 152 ff.; BVerfG NJW 1987, 2987, 2988 (zum Landesmediendienstgesetz Baden-Württemberg).

vorgegebenen Beschränkungen des Zugangs ab[69]. Daß die Forderung nach Binnenpluralismus den Außenpluralismus behindert, wissen wir aus den USA[70]. Falls sich im Pressewesen die Hoffnungen auf eine technisch bedingte erhebliche Senkung der Herstellungskosten von Zeitungen erfüllen sollten, könnte eine dadurch bewirkte Zugangserleichterung zur Presse den Außenpluralismus im Medienwesen entscheidend verbessern.

Prekärer sind Forderungen nach einer Lenkung der Sendeinhalte für Fernsehprogramme, die unter der Vorstellung stehen, daß eine erhebliche Medienwirkung auf individuelle Verhaltensweisen und soziale Prozesse feststellbar ist, wie das etwa *Kurt Lüscher*[71] auf dem 54. DJT propagiert hat. In solchen Lenkungsvorstellungen zeigt sich eine Tendenz zu zensurähnlichen Bevormundungen, wie sie beim Medium Buch und Presse als überwunden gelten kann. Überhaupt ist für die Diskussion um Rundfunk und Fernsehen charakteristisch, daß man dem Informationsempfänger eine dem Menschenbild des Grundgesetzes, nämlich dem freien, für sich selbst verantwortlichen Bürger, gänzlich entgegenstehende Fürsorge angedeihen lassen will. Guter Informationsordnung entspricht indessen nur, ihn wie bei Büchern und Zeitschriften die Auswahl selbst treffen zu lassen. Gerade hier können über künftige technische Möglichkeiten auch Marktmechanismen eingesetzt werden.

c) Das zentrale Problem der Informationsübermittlung ist freilich die Frage, inwieweit der Besitzer einer Information sie überhaupt einem Dritten weitergeben darf. In einer freien Gesellschaft ist vom Grundprinzip auszugehen, daß *Freiheit der Informationsweitergabe* besteht[72]. Nur diese Freiheit korrespondiert den verfassungsrechtlichen Positionen der Meinungs- und Informationsfreiheit. Einschränkungen gelten selbstverständlich zunächst für den Staat, der ja selbst nicht Träger dieser Freiheiten ist. Er darf die im Zuge seiner Tätigkeit erhobenen Informationen nicht beliebig weitergeben, sondern nur im Rahmen der Erfüllung seiner Zwecke. Wo schutzwürdige Belange des Betroffenen überwiegen, muß die Weitergabe unterbleiben. Die gesetzliche Regelung bindet den Staat

---

[69] Dazu z. B. *Bethge*, a. a. O. (Fn. 5); *Jarass*, a. a. O. (Fn. 19); *Stern*, a. a. O. (Fn. 20); *Angela Bloem*, Die Organisation privaten Rundfunks im außenpluralen Modell, in: Scholz (Hrsg.), Wandlungen in Technik und Wirtschaft als Herausforderung des Rechts, Veröffentlichung der Schleyer-Stiftung Bd. 18, 1985 S. 203 mit Diskussionsbeiträgen.

[70] Dazu z. B. *M. Zöller*, Massengesellschaft und Massenkommunikation – Beispiel Amerika, 1984, S. 68 ff.

[71] *K. Lüscher*, Medienwirkungen und Gesellschaftsentwicklung, in: Sitzungsbericht des 54. DJT 1982, S. H 21 ff. mit zahlreichen Nachweisen. Ihm offenbar folgend *Kübler*, ebenda S. H 68.

[72] Dezidiert in diese Richtung vor allem *Ehmann*, AcP 188, 230, 232 ff., 258.

mitunter stärker, wie etwa beim Steuergeheimnis[73], aber das ist ein – verfassungsrechtlich nicht gebotenes – Detail konkreter Regelung, nicht ein Sinngebot der Informationsordnung, wie das Beispiel anderer Staaten zeigt, in denen Steuerlisten öffentlich ausgelegt werden[74].

Für den privaten Informationsverkehr ist die Zulässigkeit freier Übermittlung für solche Daten eingeschränkt, die im Hinblick auf ein besonderes Vertrauensverhältnis gegeben oder nur im Rahmen eines besonderen Vertrauensverhältnisses dem andern Teil zugänglich werden. Der Gesetzgeber formt diese Übermittlungssperre für bestimmte Berufe zum Berufsgeheimnis[75] aus, dessen Öffnung gegenüber Dritten, nicht zuletzt auch dem Staat, besonders schwerwiegender Voraussetzungen bedarf[76]. In anderen Vertrauensbeziehungen folgt die Übermittlungssperre jedoch nur aus der dem Vertrauensverhältnis korrespondierenden besonderen Treupflicht, wie etwa bei den Verschwiegenheitspflichten von Arbeitgeber[77] und Arbeitnehmer[78] oder beim sog. Bankgeheimnis[79]. Die Übermittlungssperre umfaßt freilich im Rahmen einer guten Informationsordnung nur solche Informationen, an deren Geheimhaltung der Betroffene ein besonderes schutzwürdiges Interesse hat[80].

Im Arbeitsverhältnis zeigt sich die – vom Datenschutzrecht mißachtete – Reziprozität dieser Beschränkungen: Den Arbeitnehmer trifft eine

---

[73] Vgl. § 30 AO.

[74] *Tipke/Lang*, Steuerrecht, 12. Aufl., 1989, S. 57.

[75] Vgl. § 383 Nr. 4–6 ZPO; § 203 StGB; ferner zu den Berufsgeheimnissen *Maass*, a. a. O. (Fn. 62), S. 51 ff.

[76] §§ 138, 139 III 2 StGB und §§ 53, 53 a StPO; ferner §§ 11–13, 27 GeschlKrankhG; §§ 3 ff., 69 BSeuchenG; umfassende Übersicht bei *Schönke/Schröder/Lenckner*, StGB, 23. Aufl. 1988, § 203 Rdn. 28 ff. und 53 ff.

[77] *Zöllner*, Arbeitsrecht, 3. Aufl. 1983, § 16 I 2 b; BAG NZA 1988, 53, 54.

[78] *Zöllner*, Arbeitsrecht, 3. Aufl. 1983, § 13 I 1; *Taeger*, Die Offenbarung von Betriebs- und Geschäftsgeheimnissen, 1988, S. 95 ff.; *Wiese*, ZfA 1971, 273, 307 f.; *Hauck*, a. a. O. (Fn. 1), S. 182 ff.; *Schaub*, Arbeitsrechtshandbuch, 6. Aufl. 1987, § 54; vgl. auch § 17 UWG; § 9 Satz 2 lit. 6 BBiG; § 24 II ArbnErfG; § 79 BetrVG.

[79] Zu diesem *Sichtermann*, Bankgeheimnis und Bankauskunft, 3. Aufl. 1984; *Rehbein*, Rechtsfragen zum Bankgeheimnis, ZHR 149 (1985), 139; *Steindorff*, Zivilrechtliche Grundfragen von Bankgeheimnis, Bankauskunft und Persönlichkeitsschutz, ZHR 149 (1985), 151; *Zöllner*, Datenschutzrechtliche Aspekte der Bankauskunft, ZHR 149 (1985) 179; *Ungnade/Gorynia*, Datenschutz und Kreditgewerbe, WM 1983, Beilage 7; *Ehmann*, Bankauskunft und Bankgeheimnis im Lichte des Datenschutzrechts, FS Hans Giger, 1989, S. 123.

[80] Zur Auslegung der „schutzwürdigen Belange" (§ 1 I BDSG) bei der Datenverarbeitung eingehend *Ehmann* AcP 188, 230, 283 ff. mit umfangreichen Nachweisen; zur Interessenabwägung *ders.*, RdV 1989, 64, 70 ff. Speziell zur Weiterleitung beruflicher Werdegangsdaten an Dritte *Schwerdtner*, aaO (Fn. 37), S. 204 f.

Verschwiegenheitspflicht nur in bezug auf Geschäfts- oder Betriebsge-
heimnisse, und man ist sich einig darüber, daß dieser Begriff – bei aller
Undeutlichkeit, die ihm anhaftet – nicht zu weit ausgedehnt werden
darf[81]. Umgekehrt darf deshalb auch die Verschwiegenheitspflicht des
Arbeitgebers nicht alle den Arbeitnehmer betreffenden Informationen
umfassen, sondern wiederum nur solche, hinsichtlich derer ein besonderes
Geheimhaltungsinteresse des Arbeitnehmers besteht[82].

5. Gegenstandsangemessenheit der Informationsspeicherungs- und Übermittlungsmethoden

Zu guter Informationsordnung gehört schließlich noch etwas sehr
Wichtiges, über das gründlich zu reflektieren nicht nur der Staat, sondern
auch die Wirtschaft Anlaß hat: Informationsspeicherung und -übermitt-
lung muß sachgerecht, sie muß dem Informationsgegenstand oder -inhalt
angemessen ausgestaltet sein. Würde die Telekommunikation auf das
Telegraphieren beschränkt, so hätte der dadurch erzwungene Telegramm-
stil verheerende Wirkungen gezeigt. Analoge Gefahren gehen insoweit
vom Computer aus. Das computergerechte Gesetz ist ein Alptraum für
die Gerechtigkeit[83], die computergerechte Personalverwaltung ein Alptraum für die Menschlichkeit der Personalführung. Es ist Sache aller
Verantwortlichen, der Verarmung und Erstarrung des Informationswesens durch sorgsame Ausgestaltung der Programme und Speicherungsin-
halte Rechnung zu tragen. Nicht das Informationsgeschehen hat sich dem
Computer, sondern das Computerprogramm den Sacherfordernissen zu
beugen.

IV. Ausblick

Was ich Ihnen vorgetragen habe, sind nur einige Kernfragen und
grundsätzliche Überlegungen zur Ordnung der Problemfelder der Informationsordnung. Es läßt viele Details, viele Argumente und vor allem die
nähere Auseinandersetzung mit vielen Einwänden beiseite. Zur Entwick-

---

[81] *Taeger*, a. a. O. (Fn. 78), S. 29–33.

[82] *Zöllner*, a. a. O. (Fn. 14), S. 53 ff.; a. A. *Simitis*, Schutz von Arbeitnehmerdaten, Gutachten für den Bundesminister für Arbeit und Sozialordnung, 1981,
S. 119.

[83] Vgl. aber *Reisinger*, ADV-geregelte Gesetzgebung und *ders.*, Einsatz
formaler Planungstechniken in der Legistik, in: *Schreckenberger* (Hrsg.), Gesetzge-
bungslehre, 1986, S. 121 ff.; *L. Philipps*, Der Computer als Hilfsmittel zu einer
interessengerechten Normierung, in: *Öhlinger* (Hrsg.), Gesetzgebung und Computer, 1984, S. 67 ff. Zur EDV-Anwendung bei der Justiz vgl. *Lutz v. Raden*,
Rechner, Richter, Realitäten, 1989, S. 99 ff.

lung eines umfassenden Konzepts wird es auch künftig noch vieler eindringlicher Analysen bedürfen, nicht zuletzt zu der Frage, welche Mechanismen der Selbststeuerung es zur Lösung von Ordnungsproblemen gibt und wie sie evtl. verstärkt werden können, sowie eine sorgfältige Auseinandersetzung mit den drängendsten Ordnungsproblemen unter gesamtkonzeptionellen Aspekten. Was es aber jetzt schon festzuhalten gilt, ist das folgende: Daß bei einem Denken in übergeordneten Ordnungszusammenhängen unter einem freiheitlich konzipierten Grundgesetz letztlich kein anderes Ordnungsmodell zugrunde gelegt werden kann als das einer freiheitlich strukturierten Informationsordnung, für das die Erlaubnis der Informationsverarbeitung, d. h. vor allem der Speicherung und Übermittlung, die Regel und ihr Verbot die besonderer Rechtfertigung bedürftige Ausnahme darstellt.

Die gegenwärtigen rechtspolitischen Trends laufen in allen Parteien (mit Ausnahme der CDU/CSU) anders. Auch die weit überwiegende Meinung bei den sog. Meinungsmachern in den Medien, die ja keineswegs notwendig mit der öffentlichen Meinung übereinstimmt, geht in eine andere Richtung. Seit über zwei Jahrzehnten werden Gefahren der Datenverarbeitung beschworen, die sich bislang kaum irgendwo realisiert haben, werden *Orwell*sche Fantasien auch nach 1984 kolportiert[84], obgleich sich die Überwachung durch den Staat als ineffizienter denn je erweist und werden vor allem, das ist noch nirgends ins Bewußtsein auch nur der Gebildeten gedrungen, Datenschutzsysteme propagiert, die ihrerseits gigantische staatliche Überwachung und Bevormundung durch Ämter nach sich ziehen müssen, wenn sie wirklich durchgesetzt werden sollen[85]. Die Tendenz der Rechtsentwicklung im Datenschutzbereich geht auf Unterdrückung der Wahrheit über Menschen, ja auf Propagierung der Heuchelei[86], dies alles in einem System, in dem die öffentliche Verunglimpfung in den Medien und die Anpöbelung als Mittel öffentlicher Diskussion nicht nur als Rechtens, sondern im Namen der Demokratie

---

[84] Vgl. *Kubicek/Rolf*, Mikropolis. Mit Computernetzen in die „Informationsgesellschaft", 1985; *Klebe/Roth*, Information ohne Grenzen – Computernetze und internationale Arbeitsteilung, 1987; *Leuze*, Orwell „1984" – Utopie oder reale Gefahr?, DVBl. 1984, 1 ff.; vgl. auch oben Fn. 40.

[85] Besonders weitgehend *Steinmüller* (in: Hohmann, Freiheitssicherung durch Datenschutz, 1987, S. 62, 74), der zur Kontrolle der Kommunikation im zur Zeit aufgebauten ISDN-Netz einen „Netzbeauftragten" schaffen will, zu dessen Aufgaben „auch zunehmend Probleme des Jugend-, Konsumenten- und v. a. Rationalisierungsschutzes" gehören sollen.

[86] Ebenso *Ehmann*, AcP 188, 230, 373 f.

auch als politisch notwendig angesehen wird[87] und dem zwar Schadensersatz *in Geld* für alles und jedes zum vorrangigen Anliegen nicht nur des Gesetzgebers, sondern auch des rechtsfortbildenden Richters geworden ist[88], in dem aber die Wiederherstellung der Ehre vor den Gerichten weithin unerreichbar geworden ist.

Es ist eine politische und insbesondere auch rechtspolitische Aufgabe von zentraler Bedeutung, das Bewußtsein für die Freiheitlichkeit der Informationsordnung auf allen Ebenen aufrechtzuerhalten und dieses Bewußtsein immer wieder neu zu wecken, wo es abhandengekommen ist. Wenn ich als Erzeuger von wissenschaftlichen Meinungen und damit von Informationen Sie mit meinem Vortrag habe veranlassen können, diese Information zu speichern, zu verwenden und so oft wie möglich weiterzuübermitteln, hat sich meine Reise nach Berlin gelohnt.

[87] Ähnlich wie hier *Schwerdtner* im MünchKomm. z. BGB, 2. Aufl. 1984, § 12 Rdn. 221 ff., 252 ff.; zum „Persönlichkeitsrecht im Spannungsfeld zwischen Informationsauftrag und Menschenwürde" vgl. den von *Heinz Hübner* herausgegebenen gleichnamigen Sammelband, 1989; ferner *Wasserburg*, Der Schutz der Persönlichkeit im Recht der Medien, 1988; *R. Weber*, Ehrenschutz im Konflikt mit der Pressefreiheit, FS Faller, 1984, S. 443 ff.

[88] Vgl. *Zöllner* AcP 188, 85, 95 f.; *Stürner*, VersR 1984, 297 ff.; *U. H. Schneider*, JZ 1987, 696, 698.